Werner Otto (Fotos)
Marianne Possmann (Text)

Liebenswertes Oberhausen

deutsch english français

Wartberg Verlag

Alt-Oberhausen

Der Hauptbahnhof

Der Hauptbahnhof Oberhausen entstand in den Jahren 1929/1930. Er gehört seit seinem Bestehen zu den zentralen Verkehrspunkten der Stadt. Im Zweiten Weltkrieg wurde vor allem die Eingangshalle des Gebäudes stark beschädigt und dann nach historischem Vorbild wieder aufgebaut. Neben der architektonischen Schönheit des Gebäudes besticht der Museumsbahnsteig.

Alt-Oberhausen

The main station of Oberhausen was built in 1929/1930. Since then it has been one of the central traffic nodes of the city. In WW2 in particular the entrance hall of the building was badly damaged and then rebuilt and restored in accordance with the original building. In addition to the architectural beauty of the building the museum platform is also captivating.

Alt-Oberhausen

La gare d'Oberhausen date des années 1929/1930. Depuis sa construction, c'est un nœud de communication central de la ville. Pendant la Seconde guerre mondiale, le hall d'entrée du bâtiment a été fortement endommagé. Il a été reconstruit ensuite d'après le modèle original et est remarquable pour la beauté de son architecture ainsi que pour son quai-musée.

Die drei Lebensalter

Das Gusseisenrelief „Die drei Lebensalter“ stammt von Ernst Müller-Blensdorf. Es hing ab 1934 in einem der Wartesäle des Hauptbahnhofs. Heute ist es an dessen Außenwand angebracht.

The cast iron relief entitled "Three Ages" was created by Ernst Müller-Blensdorf. From 1934 it occupied one of the waiting rooms of the main station. It is now on an outer wall.

«Les Trois Âges de la vie» est un relief en fonte d’Ernst Müller-Blensdorf. Installé depuis 1934 dans l’une des salles d’attente de la gare, il se trouve aujourd’hui sur son mur extérieur.

Der Museumsbahnsteig

Auf dem stillgelegten Bahnsteig an den Gleisen 4 und 5 erinnert das Industriemuseum Oberhausen mit dem Museumsbahnsteig an die Geschichte des Bahnhofs und seine frühere Bedeutung für die Industrie.

The Industrial Museum of Oberhausen on the now defunct platforms 4 and 5 tells the story of the station and how important it used to be for industry.

Sur le quai désaffecté des voies 4 et 5, le musée de l’Industrie d’Oberhausen rappelle l’histoire de la gare et son importance passée pour l’industrie.

LVR Industriemuseum Oberhausen

Eisen und Stahl an Rhein und Ruhr sind mittlerweile Geschichte geworden. Im Industriemuseum Oberhausen wird die Erinnerung an diese Zeit lebendig gehalten. In der Walzhalle der 1981 stillgelegten Zinkfabrik Altenberg an der Hansastraße ist die Dauerausstellung Schwerindustrie zu sehen. Hier können die Besucher alte Werkzeugmaschinen ebenso in Aktion sehen wie eine Stahlprüfmaschine. Beeindruckend sind der zehn Meter hohe Dampfhammer und eine geradezu riesig anmutende Dampflokomotive. Der LVR (Landschaftsverband Rheinland) betreut außerdem die St. Antony Hütte, das Museum Eisenheim, den Museumsbahnsteig sowie den Industriearchäologischen Park an der Antoniestraße.

Iron and steel on the Rhine and the Ruhr have since become history. In the Industrial Museum the memory of this period is kept alive. In the rolling hall of the zinc works that closed in 1981, Altenberg an der Hansastraße, the permanent exhibition 'Heavy Industry' can be seen. Visitors can see old machine tools in action as well as a steel testing machine. Visitors will be impressed by the 10m high steam hammer and an enormous-looking steam locomotive. The LVR (Landscape Association of Rhineland) also maintains the St. Antony Ironworks, the Eisenheim museum, the Museum Platform as well as the Industrial Archaeology Park on Antoniestraße.

Cela fait bien longtemps que l'industrie sidérurgique a disparu des bords du Rhin et de la Ruhr. Le musée de l'industrie d'Oberhausen garde vivant le souvenir de cette époque. Rue Hansastrasse se trouve l'ancienne usine de zinc d'Altenberg. L'atelier de laminage de cette usine désaffectée en 1981 abrite maintenant une exposition permanente consacrée à l'industrie lourde. Les visiteurs peuvent y voir des machines-outils en action telle une machine de contrôle de l'acier. Le marteau-pilon de 10 m de haut et une locomotive à vapeur d'apparence gigantesque sont impressionnants. L'usine Saint-Antony, le musée d'Eisenheim, le quai-musée et le parc d'Archéologie industrielle de la rue Antonie sont sous la responsabilité des Autorités Régionales de Rhénanie (LVR).

Peter Behrens Lagerhaus

Das ehemalige Hauptlagerhaus der Gutehoffnungshütte wurde zwischen 1921 und 1925 nach den Plänen des einflussreichen und bedeutenden Architekten Peter Behrens gebaut. Das Gebäude zählt zu den wichtigsten Architekturleistungen der frühen Moderne und zeigt mit seiner expressionistischen Front auch einen starken Einfluss der Bauhausbewegung auf. Das Gebäude wird heute vom LVR Industriemuseum Oberhausen als zentrales Sammlungsdepot genutzt.

The former main shed of the Good Hope Ironworks was designed between 1921 and 1925 according to the plans of the influential and important architect Peter Behrens. The building is one of the most significant architectural achievements of the early modern period and, with its expressionist façade, reveals Bauhaus influence. It is used by the LVR museum as a central collection depot.

L'ancien entrepôt principal de l'usine Gute-Hoffnung a été édifié entre 1921 et 1925 d'après des plans du célèbre architecte Peter Behrens. Le bâtiment est l'une des plus importantes réalisations des débuts de l'époque moderne et sa façade expressionniste est également fortement inspirée du Bauhaus. Le bâtiment abrite aujourd'hui le dépôt central du musée de l'Industrie d'Oberhausen.

Das Rathaus

Das Oberhausener Rathaus wurde gebaut, als sich die Gemeinde Oberhausen zur Großstadt mauserte. Aus Alt-Oberhausen und den Stadtteilen Sterkrade und Osterfeld wurde „Groß-Oberhausen“, und dieser Schritt erforderte ein neues gemeinsames Verwaltungsgebäude. Zwischen 1927 und 1928 wurde es nach den Plänen von Ludwig Freitag errichtet und 1930 feierlich eingeweiht. 70 Jahre später wurde auch dieses großzügige Gebäude wieder zu klein. Die technischen Bereiche fanden deshalb in einem Gebäudekomplex der ehemaligen Gutehoffnungshütte Platz.

The Oberhausen Town Hall was built when Oberhausen was on its way to becoming a city, created from Alt-Oberhausen and the districts of Sterkrade and Osterfeld. This new development required a new joint administration building. Between 1927 and 1928 the town was erected according to the plans of Ludwig Freitag and inaugurated in 1930. 70 years later even this extensive structure became too small. The technical parts of the administration were therefore moved to a complex belonging to the former Good Hope ironworks.

La mairie a été construite à l'époque où la commune d'Oberhausen se muait en grande ville. Alt-Oberhausen et les quartiers de Sterkrade et d'Osterfeld ont été réunis en «Groß-Oberhausen» ce qui a entraîné la nécessité d'avoir un nouveau bâtiment administratif commun. Celui-ci a été édifié entre 1927 et 1928 d'après les plans de Ludwig Freitag et solennellement inauguré en 1930. 70 ans après, ce bâtiment aux proportions généreuses est devenu lui aussi trop étroit et les services techniques ont été transférés dans un ensemble de bâtiments de l'ancienne usine Gute-Hoffnung.

Skulptur „Adamas“

Die sieben Meter hohe und gut drei Meter breite Skulptur „Adamas“ vor dem Seitentrakt des Rathauses zieht die Blicke der Besucher auf sich. Im Jahr 2010 stiftete der Oberhausener Künstler Günter A. Steinmann die imposante Figur aus Aluminium und Stahl seiner Geburtsstadt.

The 7 m high and over 3 m wide sculpture “Adamas” catches the eye of the visitor in the area to the side of the Town Hall. In 2010 the Oberhausen artist Günter A. Steinman donated the imposing figure of aluminium and steel to the city of his birth.

«Adamas» est une sculpture de sept mètres de haut et de bien trois mètres de large située devant l'aile latérale de la mairie. Le regard des visiteurs est attiré par cette imposante œuvre d'aluminium et d'acier offerte en 2010 à sa ville natale par l'artiste Günter A. Steinmann.

Grillopark

Die Interessen des Esseners Friedrich Wilhelm Grillo, der einer der bedeutenden deutschen Unternehmer des 19. Jahrhunderts war, galten nicht nur den zinkverarbeitenden Werken, die er in Oberhausen und anderen Städten des Ruhrgebiets besaß, sondern offensichtlich auch schönen Parkanlagen. 1887 wurde der von ihm erbaute Park fertiggestellt. In den folgenden Jahren wurde die Anlage immer wieder umgestaltet, bis sie im Jahr 2000 nach den alten Vorbildern von Grillo ihr heutiges Gesicht erhielt. Mit seinen großzügigen Blumenbeeten und den vielen alten Bäumen gehört der Park zu den schönsten Anlagen des Ruhrgebiets. Über eine in das Gesamtbild eingefügte Treppe gelangt man zum Rathaus.

The Essen entrepreneur Friedrich Wilhelm Grillo, one of the most important German entrepreneurs of the 19th cent., was interested not only in the zinc-processing works that he owned in Oberhausen and other Ruhr District cities but also, it would appear, in attractive park areas. In 1887 the park built by him was completed. In the following years the park was repeatedly altered, until in 2000 it achieved its present appearance in accordance with the old models of Grillo. With its extensive flowerbeds and many old trees it is one of the finest parks in the Ruhr District. A set of steps in the park takes you to the Town Hall.

Originaire d'Essen, Friedrich Wilhelm Grillo était l'un des plus importants entrepreneurs allemands du 19e siècle. Il s'intéressait non seulement aux usines de transformation du zinc qu'il possédait à Oberhausen et dans d'autres villes de la Ruhr mais apparemment également aux beaux parcs. C'est à lui que l'on doit ce parc terminé en 1887 et souvent transformé dans les années qui ont suivi. C'est en 2000 qu'il a acquis son apparence actuelle inspirée des anciens plans de Grillo. Avec ses vastes parterres de fleurs et ses nombreux vieux arbres, le parc est l'un des plus beaux de la Ruhr. On accède à la mairie par un escalier bien intégré à l'ensemble.

Luise Albertz Halle

Luise Albertz (1901–1979) gehört zu den großen Persönlichkeiten der Stadt. Sie war in den ersten zwei Jahren nach dem Zweiten Weltkrieg die erste Oberbürgermeisterin Oberhausens und damit auch die erste Oberbürgermeisterin einer deutschen Großstadt überhaupt. Von 1956 bis 1979 bekleidete sie dieses Amt erneut. Die Oberhausener liebten sie, und so ist es nicht verwunderlich, dass die anlässlich des 100-jährigen Gründungsjubiläums von Oberhausen gebaute Stadthalle den Namen von Luise Albertz erhielt. Heute ist die Halle mit ihren fast 12 000 m² Veranstaltungs- und Kongresshalle.

Luise Albertz (1901–1979) was one of the greatest personalities of the city. In the first two years of WW2 she was the first woman Mayor of the city and thus the first woman Mayor of a major German city. She also held the office from 1956 to 1979. She was very popular with the people, and it is thus not surprising that on the occasion of the 100th anniversary of the city the Stadthalle (Guildhall) was named after her. The Guildhall, almost 12,000 m², is used as an event and conference space.

Luise Albertz (1901–1979) est l'une des grandes personnalités de la ville. Elle a été la première maire d'Oberhausen pendant les deux années qui ont suivi la Seconde Guerre mondiale et ainsi la première femme maire d'une grande ville allemande. Elle a de nouveau exercé cette fonction de 1956 à 1979. Elle était très aimée des habitants d'Oberhausen et ce n'est donc pas surprenant que la halle construite à l'occasion du centième anniversaire de la création de la ville porte son nom. Cette halle de presque 12 000 m² sert aujourd'hui de palais des congrès.

Evangelische Christuskirche

Die evangelische Christuskirche ist eines der ältesten Gebäude Alt-Oberhausens. Sie wurde 1863/1864 nach den Plänen des Architekten Maximilian Nohl aus dem benachbarten Mülheim erbaut. Die Bomben des Zweiten Weltkriegs zerstörten das Gebäude vollständig. Zu Beginn der 50er-Jahre wurde die Kirche wieder aufgebaut. Die Straße, an der sie steht, trägt heute den Namen ihres Baumeisters.

The Evangelical Church of Christ is one oldest buildings of Alt-Oberhausen. It was built in 1863/1864 after the plans of architect Maximilian Noh, who came from neighbouring Mülheim. The bombs of WW2 destroyed the building completely. At the beginning of the 50s the church was rebuilt. The street iin which the church still bears the name of the architect.

L'église protestante du Christ est l'un des plus anciens bâtiments d'Alt-Oberhausen. Elle a été construite en 1863/1864 d'après les plans d'un architecte de Mülheim, Maximilian Nohl. Complètement détruite dans les bombardements de la Seconde Guerre mondiale, elle a été reconstruite au début des années 50. La rue dans laquelle elle se dresse porte aujourd'hui le nom de son architecte.

Altmarkt

Der Marktplatz in Oberhausen mit der Friedenssäule, im Hintergrund die Herz-Jesu-Kirche.

The Marktplatz (Market Square) in Oberhausen, with the Friedenssäule (Column of Peace), in the background the Herz-Jesu-Kirche (Sacred Heart Church).

La place du Vieux-Marché d'Oberhausen avec la colonne de la Paix et, à l'arrière-plan, l'église du Sacré-Cœur-de-Jésus.

Von Montag bis Samstag, jeweils zwischen 8.00 und 14.00 Uhr, kommen die Marktbesucher voll auf ihre Kosten.

From Monday to Saturday, between 8 am and 2 pm, it is full of shoppers looking for the produce the market has to offer.

Du lundi au samedi, entre 8 h et 14 h, le marché fait le bonheur de ses visiteurs.

Marienkirche

Die beiden schlanken Türme der Marienkirche beherrschen das Stadtbild rund um die Mülheimer Straße. Die Kirche wurde 1894 eingeweiht. Im Zweiten Weltkrieg wurde ihr Äußeres weitestgehend verschont, doch der Innenraum brannte fast vollständig aus. Nach 1945 wurde mit dem Wiederaufbau begonnen. Heute zeigt sich der Innenraum mit seiner harmonischen Gestaltung in voller Schönheit, die von den prächtigen Glasfenstern im Chorraum gekrönt wird.

The two slender towers of St Mary's dominate the cityscape around Mülheimer Straße. The church was consecrated in 1894. In WW2 the façade was largely spared, but the interior was almost completely burned out. After 1945 work on the restoration was started. Today the interior, with its harmonious design, looks beautiful, in particularl because of the magnificent stained glass windows in the choir.

Autour de la rue de Mülheim, la physionomie de la ville est dominée par les deux tours élancées de l'église Sainte-Marie qui a été inaugurée en 1894. Si son apparence extérieure a peu souffert lors de la Seconde Guerre mondiale, l'intérieur a été en revanche presque complètement détruit dans un incendie. La reconstruction a commencé après 1945. L'intérieur harmonieux de l'église resplendit aujourd'hui d'une beauté couronnée par les magnifiques vitraux du chœur.

Marktstraße

Die Marktstraße war einmal eines der beliebten Einkaufszentren Alt-Oberhausens. Das CentrO hat viele Käufer abgeworben. Gleichwohl lockt die Fußgängerzone zahlreiche Besucher an, die zum Bummeln kommen oder ein Event besuchen.

At one time Market Street was one of the favourite shopping areas of Alt-Oberhausen. CentrO has since attracted many shoppers, but at the same time the pedestrian zone attracts numerous visitors, who come for a stroll here or to attend some event.

La rue Marktstrasse était autrefois un centre commercial d'Alt-Oberhausen très apprécié auquel le CentrO a fait perdre beaucoup de clients. Toutefois, la zone piétonne attire un grand nombre de flâneurs et de visiteurs de manifestations diverses.

An der oberen Marktstraße steht die Skulptur „Phönix im Wind“, die der Oberhausener Künstler Otto Wesendonck geschaffen hat. Sie gilt als Sinnbild für die Stadt Oberhausen, die sich nach größeren Katastrophen wie dem Zweiten Weltkrieg oder dem Zechensterben stets wie Phönix aus der Asche neu erhoben hat.

Upper Market Street has a sculpture, “Phönix im Wind” (Phoenix in the Wind), the work of local artist Otto Wesendonck. It is considered to be a symbol of Oberhausen, which rose like a phoenix from the ashes after the catastrophes of WW2 and the closing of the mines.

Dans la partie supérieure de la rue Marktstrasse se dresse la sculpture «Phénix dans le vent» d’Otto Wesendonck, un artiste d’Oberhausen. Elle symbolise la ville d’Oberhausen qui, comme le Phénix, a su renaître de ses cendres après des catastrophes telles que la Seconde Guerre mondiale ou la disparition des mines.

Friedensplatz

Der um die Wende zum 20. Jahrhundert angelegte Friedensplatz ist einer der schönsten Plätze im Ruhrgebiet. Mit seinen Doppelreihen von Platanen, den gepflegten Blumenbeeten und dem Wasserbecken mit Springbrunnen stellt er ein ebenso klug wie großzügig gestaltetes Bindeglied zwischen Altmarkt, Rathaus und Bahnhof dar.

The square was laid out at the beginning of the 20th cent. and is one of the finest in the Ruhr District. With its double rows of plane trees, well-tended flower beds and water basin with fountain it represents a clever and elaborately designed link between the Old Market, Town Hall and railway station.

Aménagée au tournant du 20e siècle, la place de la Paix est l'une des plus belles places de la Ruhr. Avec ses doubles rangées de platanes, ses parterres de fleurs soignés et son bassin à jets d'eau, elle relie adroitement le Vieux-Marché, la mairie et la gare.

Amtsgericht

Das Amtsgericht wurde zwischen 1904 und 1907 errichtet. Es ist mit seiner historischen Bauweise ein typisch wilhelminisches Gebäude, welches mit seiner Architektur eine Verneigung vor dem deutschen Kaiser darstellte. Mit dem Friedensplatz, der übrigens damals noch Kaiserplatz hieß, ist das Amtsgericht eines der beliebtesten Fotomotive Oberhausens. Es dient auch heute noch als Gerichtsgebäude.

The Amtsgericht was built between 1904 and 1907. A typically Wilhelminian structure, it was a way of paying tribute to the German Kaiser. Together with Friedensplatz, formerly known as Kaiserplatz, the Amtsgericht is a favourite with photographers. It is still used as a court.

Le tribunal d'instance a été édifié entre 1904 et 1907. L'architecture de ce bâtiment typiquement wilhelminien est une révérence à l'empereur allemand. Il est avec la Friedensplatz, qui s'appelait d'ailleurs à l'époque encore Kaiserplatz, un des motifs photographiques préférés d'Oberhausen. Il abrite aujourd'hui encore le tribunal.

Polizeipräsidium

Das Polizeipräsidium am Friedensplatz gehört ebenfalls zu den schönen Beispielen des Oberhausener Backsteinexpressionismus. Es ist in den 20er-Jahren des vergangenen Jahrhunderts entstanden. Mit seiner reich geschmückten Fassade gehört es zu den imposantesten Gebäuden am Friedensplatz.

The Polizeipräsidium on Friedensplatz is also one the fine examples of Oberhausen brick expressionism. Built in the 1920s its ornate façade makes it one of the most impressive buildings on the square.

La préfecture de police de la Friedensplatz est elle aussi un bel exemple de l'Expressionnisme de brique d'Oberhausen et a été édifiée dans les années 20 du siècle dernier. Ce bâtiment à la façade richement décorée est l'un des plus imposants de la place.

Bert Brecht Haus

Das Bert Brecht Haus haben viele Oberhausener noch als Kaufhaus in Erinnerung, in dem die Firma Tietz bis zur Zeit des Dritten Reichs ihre Waren anbot. Nach der Enteignung der jüdischen Eigentümerfamilie zog der Kaufhof ein. 1978 übernahm die Stadt Oberhausen das Gebäude und sorgte für eine aufwendige Renovierung. Seit 1985 trägt das Gebäude den Namen des Dramatikers und Lyrikers Bert Brecht (1898–1956) und beherbergt die Stadtbibliothek und die Volkshochschule.

Many people in Oberhausen still remember the Bert Brecht Haus as a department store where the Tietz family sold their wares until the Third Reich. After the Jewish owners had been dispossessed, it became part of the Kaufhof chain. In 1978 the city took over the building and renovated it. Since 1958 it has borne the name of the dramatist and poet Bert Brecht (1898–1956) and today is the home of the public library and adult education centre.

De nombreux habitants d'Oberhausen se souviennent encore de l'époque où la maison Bert-Brecht était un grand magasin dans lequel la firme Tietz a proposé ses marchandises jusqu'à la Seconde Guerre mondiale. Quand les propriétaires juifs en ont été dépossédés, Kaufhof s'y est installé. En 1978, la ville d'Oberhausen a repris le bâtiment qu'elle a fait soigneusement restaurer. Il porte depuis 1985 le nom de l'auteur dramatique et lyrique Bertolt Brecht (1898–1956) et abrite la bibliothèque municipale et l'université populaire.

2010 wurde das Bert Brecht Haus erneut renoviert und erhielt großzügige Innenbereiche. Davon profitierte u. a. die Stadtbibliothek, die über 250 000 Medien anbietet. In der „Young Corner" können junge Besucher chillen und fernsehen, im Internet surfen, Musik und Hörbücher anhören oder ganz einfach nur in Büchern schmökern.

In 2010 it was renovated once again, as a result of which large interior spaces were created. The beneficiaries of these were, among others, the public library, which has over 250,000 media items. In the "Young Corner" young users can spend their time watching TV and surfing the internet, listening to music and audio books or simply leafing through books.

En 2010, la maison Bert-Brecht a été de nouveau restaurée et dotée de vastes espaces intérieurs ce dont a profité, entre autres, la bibliothèque municipale où sont proposés plus de 250 000 médias. Le «Young Corner» donne aux jeunes visiteurs la possibilité de se détendre et de regarder la télé, de surfer sur le net, d'écouter de la musique et des livres audio ou tout simplement de bouquiner.

Saporishja Platz

Der vor dem Bert Brecht Haus liegende Platz wurde ebenso wie das Haus selbst im Jahr 2010 renoviert. Er trägt den Namen der südukrainischen Großstadt Saporishja, mit der seit dem 20. Mai 1986 eine Städtepartnerschaft mit Oberhausen besteht.

The square directly in front of the Brecht Haus was also renovated in 2010. It is named after the South Ukrainian Saporishja, with which Oberhausen has been twinned since May 20 1986.

La maison Bert-Brecht a été restaurée en 2010, tout comme la place en bordure de laquelle elle se dresse. Celle-ci porte le nom d'une grande ville du sud de l'Ukraine, Zaporijia, avec laquelle Oberhausen est jumelée depuis le 20 mai 1986.

Villa Concordia

Um die Wende zum 20. Jahrhundert wohnten manche Bergwerksdirektoren wahrhaft fürstlich: 1897 erbaute die Zeche Concordia diese beeindruckende Villa in Stil der Spätrenaissance für ihren Leiter Wilhelm Liebrich. Das Haus diente noch bis 1952 als Wohnunterkunft. Danach wurde es von der Stadt Oberhausen erworben, die es bis 1975 der Stadtbücherei zur Verfügung stellte. Heute ist es Sitz der Internationalen Kurzfilmtage und beheimatet das Archiv dieser bedeutenden kulturellen Einrichtung.

Around the beginning of the 20th cent. several directors of the mining works lived in a truly princely fashion: in 1897 the Concordia mine built this impressive villa in late Renaissance style for the Director Wilhelm Liebrich. The house was used as a residence until 1952, after which it was bought by the city and used as the public library until 1975. Today it is the home of the festival known as Internationale Kurzfilmtage (International Short Films Festival) and the archive belonging to this important cultural institution.

Au tournant du 20e siècle, certains directeurs des mines étaient logés de façon véritablement princière. En 1897, la mine Concordia a fait bâtir cette impressionnante villa de style néo-Renaissance pour son directeur Wilhelm Liebrich. La maison a servi d'habitation jusqu'en 1952 avant d'être achetée par la ville d'Oberhausen qui l'a mise à la disposition de la bibliothèque municipale jusqu'en 1975. C'est aujourd'hui le siège des Journées internationales du court-métrage où sont conservées les archives de cette importante institution culturelle.

Lichtburg

In den 50er-Jahren des vergangenen Jahrhunderts gab es zahllose Kinos, die den Namen „Lichtburg" trugen. Die Oberhausener Lichtburg ist eines der ganz wenigen klassischen Lichtspielhäuser, die das Kinosterben im Ruhrgebiet überlebt hat. Eröffnet in den 1930er-Jahren verfügte das Kino früher nur über einen Raum – heute gibt es drei Vorführsäle. Es laufen aktuelle Filme und das Programmkino. Seit 1954 gibt es in jedem Frühjahr in der Lichtburg ganz großes Kino: dann finden die Internationalen Kurzfilmtage statt.

In the 1950s there were numerous cinemas with the name "Lichtburg" (lit. Light Castle). The one in Oberhausen is one of the very few classic cinemas to have survived the death of the cinema in the Ruhr District. Current films are still shown there. Every spring the Lichtburg plays host to a major film event: the Internationale Kurzfilmtage.

Dans les années 50 du siècle dernier, de nombreux cinémas portaient le nom de «Lichtburg». Le Lichtburg d'Oberhausen est l'un de ces très rares cinémas de la Ruhr à n'avoir pas disparu. On y projette des films actuels et des films d'art et d'essai. Depuis 1954, il accueille à chaque printemps les Journées internationales du court-métrage à l'occasion desquelles sont montrés des films remarquables.

Theater Oberhausen

Als das Theater 1920 seinen Spielbetrieb aufnahm, war es noch eine Gasthausbühne, auf der klassische Schauspiele aufgeführt wurden. Später ergänzten Opern und Operetten das Angebot. Das Theater gründete Interessengemeinschaften mit den Städten Gladbeck und Hamborn. 1939 kaufte die Stadt Oberhausen das Theater und die dazugehörige Gaststätte und ließ das Gebäude umbauen. Heute ist aus dem Theater wieder ein reines Schauspielhaus geworden, das über die Region hinaus bekannt ist und in dem namhafte Intendanten und Schauspieler tätig waren und sind.

When the theatre opened its doors in 1920, it was still a guest theatre in which classical plays were staged. The programme was later supplemented by operas and operettas. The theatre established common interests with the cities of Gladbeck und Hamborn. In 1939 the theatre and the refreshment services belonging to it were purchased by the city, which had the whole building redesigned. Today the theatre is dedicated to works for the stage and has a reputation that stretches beyond the region because of well-known theatre directors and actors who have worked and still work there.

Lorsque le théâtre est entré en activité en 1920, c'était encore un restaurant avec une scène sur laquelle étaient données des pièces classiques auxquelles sont venus s'ajouter plus tard opéras et opérettes. Le théâtre a alors fondé un partenariat avec les villes de Gladbeck et de Hamborn. En 1939, la ville d'Oberhausen a acheté le théâtre et son restaurant et fait transformer les bâtiments. Aujourd'hui, intendants et acteurs de renom continuent de travailler dans ce théâtre connu au-delà des limites de la région.

Der große Saal

Das Theater Oberhausen besteht aus dem Großen Saal mit 428 Plätzen (hier im Bild), dem Malersaal mit 90 Plätzen sowie der b.a.r., in der kleinere Veranstaltungen wie Lesungen stattfinden können. Auf diesem Foto ist die Kulisse für das Theaterstück „1913" zu sehen, das nach dem gleichnamigen Bestseller von Florian Illies entstanden ist. Der Rumäne Vlad Massaci führte in diesem Stück Regie.

The Oberhausen theatre consists of the Great Hall with seating accommodation for 428 (see picture), the Malersaal (Painted Hall) for 90 people and the b.a.r. (name of part of the theatre), in which small-scale performances, such as readings, can be staged. This photo shows the backdrop for "1913", a play based on a bestseller of the same name by Florian Illies and directed by the Rumanian director Vlad Massaci.

Le théâtre d'Oberhausen se compose d'une grande salle de 428 places (ici sur la photo), de la Malersaal de 90 places ainsi que du b.a.r. capable d'accueillir de petits spectacles tels que des lectures. Sur la photo, on peut voir les coulisses de la pièce «1913», tirée du roman à succès du même nom de Florian Illies. La mise en scène était due au Roumain Vlad Massaci.

Das Ebertbad

Das Ebertbad war die erste Volksbadeanstalt Oberhausens. Es wurde in den Jahren 1894/1895 gebaut und unter dem Namen „Badeanstalt am Neumarkt“ eröffnet. Als das Bad 1983 geschlossen wurde, gründeten engagierte Oberhausener einen Förderverein und erreichten, dass dieses einzigartige Haus unter Denkmalschutz gestellt wurde. Die einstige Badeanstalt wurde umgebaut. Heute ist das Ebertbad ein Veranstaltungsort, der mit seinem Kleinkunst- und Kabarettprogramm über die Grenzen des Ruhrgebiets hinaus bekannt ist.

The Ebertbad was the first public bath in Oberhausen. Built in 1894/1895 it was opened to the public under the name “Badeanstalt am Neumarkt” (Bath on Newmarket). When it was closed in 1983, the people of Oberhausen set up a friends’ association to ensure that this unique house was placed under monument protection. The former bathhouse was rebuilt. Today it is an event space, known beyond the confines of the region for its cabaret.

Les bains Ebert étaient les premiers bains publics d’Oberhausen. Ils ont été construits en 1894/1895 et inaugurés sous le nom d’«Établissement de bains du Neumarkt». À sa fermeture en 1983, des habitants d’Oberhausen ont créé une association dans le but de faire classer monument historique cette maison unique en son genre. Après des travaux de transformation, elle accueille aujourd’hui diverses manifestations et son programme de cabaret est connu au-delà des frontières de la Ruhr.

Die ehemalige Schwimmhalle

Die im Jugendstil erbaute ehemalige Schwimmhalle des Ebertbades wurde zu einem Zuschauerraum umgebaut, in dem mit Bestuhlung rund 400 Personen Platz finden. Teile der ehemaligen Einrichtung wie alte Messingschilder und Kacheln sowie die Emporen mit den schmiedeeisernen Gittern blieben erhalten und machen den Charme dieser Spielstätte aus. Das Ebertbad hat seit seiner Umfunktionierung bekannte Comedians und Kleinkünstler zu Gast. Unvergessen sind die Oberhausener Eigengewächse Gerburg Jahnke und Stephanie Überall, die als „Missfits" bis zu ihrer Auflösung unzählige stets ausverkaufte Vorstellungen gaben.

The former swimming bath of the Ebertbad, built in Art Nouveau style, has become into an auditorium with seating for about 400. Parts of the former establishment, such as brass signs and tiles as well as the galleries with their wrought iron grills, have been preserved and add a good deal of charm to the place. The Ebertbad, since its redesign, has been host to well-known comedians and cabaret artists. The local artists Gerburg Jahnke and Stephanie Überall, as the "Missfits", gave many unforgettable performances to a full house here until the ensemble was disbanded.

L'ancienne piscine de style Art nouveau des bains Ebert a été transformée en une salle de 400 places. On a conservé une partie de son ancien aménagement, comme par exemple des plaques de laiton et des carreaux ainsi que les galeries avec leurs balustrades en fer forgé, ce qui confère tout son charme à cette salle de spectacle. Depuis ces travaux, les bains Ebert ont accueilli des humoristes célèbres tels que Gerburg Jahnke et Stephanie Überall. Jusqu'à la dissolution de leur duo, ces artistes du cru connues sous le nom de «Missfits» y ont fait un nombre incalculable de fois salle comble.

Ebertplatz

Der Ebertplatz wurde nach Friedrich Ebert, dem ersten Reichspräsidenten der Weimarer Republik und Vorsitzenden der Sozialdemokratischen Partei, benannt. Früher badete man noch im Ebertbad, das man im Hintergrund dieses Fotos sieht. Heute suchen an heißen Tagen Mensch und Tier Abkühlung im Wasser des Springbrunnens.

The Ebertplatz was named after Friedrich Ebert, the first President of the Weimar Republic and Chairman of the Social Democratic Party. In earlier times bathing was still possible in the Ebertbad, which can be seen in the background of this photo. Today, the refreshingly cool water of the fountain is sought on hot days by human and animal alike.

La place Ebert tient son nom de Friedrich Ebert, le premier président de la République de Weimar et président du parti social-démocrate. Autrefois, on se baignait encore aux bains Ebert que l'on voit à l'arrière-plan de la photo. Aujourd'hui, quand il fait chaud, êtres humains et animaux se rafraîchissent dans l'eau de la fontaine.

Schloss Oberhausen

Das Schloss Oberhausen wurde in den Jahren 1808 bis 1814 errichtet und ist bis heute eines der Wahrzeichen der Stadt. August Reinking erbaute es im klassizistischen Stil für den Grafen Friedrich von Westerholt-Gysenberg. 1911 übernahm die Stadt Oberhausen das Schloss. Als eine der ersten Museumsneugründungen nach dem Krieg eröffnete 1947 die Städtische Galerie im Herrenhaus des Schlosses mit Sammlungen rheinischer Im- und Expressionisten. Nach umfangreichen Umbaumaßnahmen, bei denen das Schloss renoviert und mit modernen Glas-Stahl-Anbauten versehen wurde, wurde das Museum 1998 um die Ludwig Galerie erweitert.

Schloss Oberhausen was built between 1808 and 1814 and is today one of the landmarks of the city. It was designed by August Reinking in classicist style for Count Friedrich von Westerholt-Gysenberg. In 1911 the city took over the castle. As one of the first new museums after WW2 in 1947, the Städtische Galerie (City Gallery) in the hall of the castle opened with a collection of Rhineland Impressionists and Expressionists. After extensive rebuilding work, in which the castle was renovated and supplemented with glass-steel structures, the museum was enlarged to incorporate the Ludwig Galerie in 1998.

Édifié entre 1808 et 1814, le château d'Oberhausen est resté jusqu'à aujourd'hui l'un des emblèmes de la ville. August Reinking l'a construit dans le style néoclassique pour le comte Friedrich von Westerholt-Gysenberg. En 1911, la ville d'Oberhausen a acheté le château où se trouve depuis 1947 l'un des premiers musées créés après la guerre. Installé dans la maison de maître, le musée d'Art moderne possède des collections d'impressionnistes et d'expressionnistes rhénans. Après d'importants travaux de rénovation au cours desquels des annexes de verre et d'acier ont été rajoutées au château, le musée abrite depuis 1998 la galerie Ludwig.

Kaisergarten

Der Stadtpark Kaisergarten erhielt im März 1897 seinen Namen anlässlich der 100-jährigen Wiederkehr des Geburtstages Kaiser Wilhelms I. Die Stadt hatte das 19 Hektar große Gelände südlich des Schlosses Oberhausen vom Grafen Westerholt-Gysenburg erworben. 1898 begannen die Ausbauarbeiten. In den 1950er-Jahren wurde der teilweise verwilderte Park wieder hergerichtet und ist heute ein beliebtes Ziel für Spaziergänger und alle, die einfach nur Ruhe und Entspannung suchen.
Der Generationengarten (Foto unten) liegt am Rande des Kaisergartens. Auf dem 3500 m^2 großen Gelände haben die Bürger Oberhausens die Gelegenheit, der Natur wieder etwas näherzukommen: Jung und Alt bauen ihr eigenes Gemüse oder erfahren im Immengarten viel Wissenswertes über die Haltung von Bienen.

The public park known as Kaiser Garden received its name in March 1897 on the occasion of the 100th anniversary of the birth of Kaiser Wilhelm I. The city had acquired the 19 hectare plot south of Schloss Oberhausen from Count Westerholt-Gysenburg. In 1898 work began on the park. In the 1950s the partial wilderness was restored and today is a favourite spot for walks and all those seeking recreation and relaxation.
The Generations Garden (see photo below) is at the edge of the Kaiser Garden. The 3500 m^2 plot offers locals the chance to experience nature more closely: young and old can grow their own vegetables or find out more about beekeeping in the Immengarten (Bee Garden).

Le parc municipal a reçu le nom de Kaisergarten en mars 1897, à l'occasion du centième anniversaire de la naissance de l'empereur Guillaume Ier. La ville avait acheté au comte Westerholt-Gysenburg ce terrain de 19 ha situé au sud du château d'Oberhausen. Les travaux de transformation ont commencé en 1898. Après avoir été en partie laissé à l'abandon, le parc a été remis en état dans les années 1950 et est maintenant apprécié des promeneurs et de tous ceux qui sont à la recherche de calme et de détente.
Le Jardin des Générations (photo du bas) est situé en bordure du Kaisergarten. Ce terrain de 3500 m^2 donne aux habitants d'Oberhausen l'occasion de se rapprocher de la nature: jeunes et moins jeunes y cultivent leurs légumes ou apprennent beaucoup de choses intéressantes sur l'apiculture dans le Jardin des Abeilles.

Zeche Concordia

Einige der alten Zechengebäude der Zeche Concordia, die um 1912 erbaut wurden, sind nach der Stilllegung erhalten geblieben. In die erste Etage des alten Fördermaschinenhauses ist das Theater an der Niehburg eingezogen. Im Erdgeschoss befindet sich eine Gaststätte mit Biergarten, der zu besonderen Anlässen gern von den Besuchern genutzt wird, wie hier bei der „Extraschicht 2013".

Some of the old buildings of the Concordia, built around 1912, were preserved after the mine closure. The first floor of the old house for the mining hoist is now occupied by the Theater an der Niehburg. The ground floor is occupied by a restaurant with biergarten, which is a favourite spot for special occasions, as here with "Extraschicht (Extra Shift) 2013".

Certains des anciens bâtiments de la mine Concordia qui avaient été bâtis vers 1912 ont été conservés après la fermeture. Le théâtre an der Niebuhrg s'est installé au premier étage de la vieille galerie des machines. Au rez-de-chaussée se trouve un restaurant avec sa brasserie en plein air très appréciée des visiteurs, comme ici lors de l'«Extraschicht 2013».

Schulen in Oberhausen

Die Stadt Oberhausen verfügt über mehr als 50 Schulen, von der Grundschule bis zum Berufskolleg. Wir stellen stellvertretend einige der Schulen vor und zwar solche, die einen besonders intensiven Schüleraustausch betreiben und denen es somit zu verdanken ist, dass viele ausländische Kinder und Jugendliche die Ruhrgebietsstadt besuchen.

Schools in Oberhausen

Oberhausen has more than 50 schools, from primary (Grundschule) to vocational (Berufskolleg). We would like to give you some idea about a few of them, in particular those that actively pursue a policy of pupil exchange. We have to thank them for encouraging so many foreign children and young people to visit this city of the Ruhr District.

Écoles d'Oberhausen

La ville d'Oberhausen dispose de plus de 50 écoles allant de l'école primaire au collège professionnel. Nous présentons ici quelques-unes de ces écoles, particulièrement celles qui pratiquent activement l'échange scolaire et auxquelles on doit le grand nombre d'enfants et d'adolescents étrangers en visite dans cette ville de la Ruhr.

Elsa Brändström Gymnasium

Das Elsa Brändström Gymnasium ist eine der ältesten Schulen der Stadt. Die Schule pflegt einen regen Schüleraustausch mit der High School der englischen Stadt Blackpool und dem Gymnasium des Valeria Koch Schulzentrums in der ungarischen Stadt Pécs.

This is one of the oldest schools in the city. It has a lively exchange with the High School of the UK city of Blackpool and the Gymnasium of the Valeria Koch School Centre of the Hungarian city of Pécs.

Le lycée Elsa-Brändström est l'une des plus anciennes écoles de la ville. Elle pratique activement l'échange scolaire avec le lycée de Blackpool et celui du centre scolaire Valeria-Koch de la ville hongroise de Pécs.

Bertha von Suttner Gymnasium

Das Bertha von Suttner Gymnasium hat einen engen Kontakt zu der Oberhausener Partnerstadt Saporishja in der Ukraine und nach Evreux in Frankreich.

This school is closely linked with the partner city of Saporishja (Ukraine) and Evreux (France).

Le lycée Bertha-von-Suttner est en étroit contact avec les villes jumelées de Zaporijia en Ukraine et d'Évreux en France.

Heinrich Heine Gymnasium

Die Schule ist ein bilinguales Gymnasium, das seit 1993 im Rahmen des GAPP (German American Partnership Program) einen Austausch mit der Columbia River Highschool aus Vancouver hat.

A bilingual school, it has also had an exchange programme, within the framework of the GAPP (German American Partnership Program), with Columbia River High School (Vancouver) since 1993.

Depuis 1993, ce lycée bilingue pratique l'échange scolaire avec le lycée Columbia-River de Vancouver dans le cadre du programme de partenariat germano-américain (GAPP).

Freiherr vom Stein Gymnasium

Das Freiherr vom Stein Gymnasium gibt es schon seit über 100 Jahren. Im Rahmen eines von der Europäischen Union geförderten Projektes findet ein Schüleraustausch statt mit St. Gilles in Frankreich, Pamplona in Spanien, Veenendaal in den Niederlanden und Kretinga in Litauen.

This high school is over 100 years old. The European Union sponsors a school exchange with St. Gilles (France), Pamplona (Spain), Veenendaal (Netherlands) and Kretinga (Lithuania).

Le lycée Freiherr-von-Stein existe depuis plus de 100 ans. Dans le cadre d'un projet subventionné par l'Union européenne, il pratique un échange scolaire avec les villes de Saint-Gilles en France, Pampelune en Espagne, Veenendaal aux Pays-Bas et Kretinga en Lituanie.

Friedrich Ebert Realschule

Seit 1994 betreibt die Schule einen regen Austausch mit der Schule 103 aus der Oberhausener Partnerstadt Saporishja in der Ukraine.

This school has also had a lively exchange with school 103 in Saporishja since 1994.

Depuis 1994, cette école pratique un échange scolaire assidu avec l'école 103 de Zaporijia, la ville d'Ukraine jumelée avec Oberhausen.

Sophie Scholl Gymnasium

Für die Schüler des Sophie Scholl Gymnasiums werden Austauschmöglichkeiten mit dem Lycée Watteau in Valenciennes, Frankreich und der Schule 107 in Saporishja in der Ukraine angeboten.

The pupils of the Sophie Scholl Gymnasium have the chance to exchange with pupils of the Lycée Watteau in Valenciennes (France) and School 107 in Saporishja.

Des échanges scolaires avec le lycée Watteau de Valenciennes, en France, et l'école 107 de Zaporijia, en Ukraine, sont proposés aux élèves du lycée Sophie-Scholl.

Heinrich Böll Gesamtschule

Die Heinrich Böll Gesamtschule ist eine Europaschule im wahrsten Sinne des Wortes: Austauschprojekte gab und gibt es mit Schülern aus Polen, Griechenland, Portugal, Österreich, Schweden, Italien und Spanien.

The Heinrich Böll Gesamtschule is a European school in the truest sense of the term: there have been and are exchange programmes with schools in Poland, Greece, Portugal, Austria, Sweden, Italy and Spain.

L'établissement secondaire Heinrich-Böll est une école européenne au plein sens du terme: il y a eu et a encore des projets d'échanges avec des élèves de Pologne, de Grèce, du Portugal, d'Autriche, de Suède, d'Italie et d'Espagne.

Neue Mitte Oberhausen

Das Einkaufs- und Freizeitzentrum CentrO ist das Herzstück der Neuen Mitte Oberhausen. Auf diesem Foto ist in der Mitte das CentrO zu sehen, davor die Flaniermeile mit den unterschiedlichsten Möglichkeiten zum Verweilen und Einkehren und im Hintergrund links leuchtet das grüne Dach des Metronom Theaters.

The shopping and leisure centre CentrO is the heart of Oberhausen. On this photo CentrO can be seen in the middle, and, in front, the area with the most varied opportunities to stroll, relax and come in and go out. In the background you can see the illuminated green roof of the Metronom Theatre.

Le centre commercial et de loisirs du CentrO constitue le cœur d'Oberhausen. Au centre de cette photo, on voit le CentrO avec devant lui la zone piétonne et ses nombreux cafés et restaurants . Le toit vert qui brille à l'arrière-plan à gauche est celui du théâtre Metronom.

CentrO

Am 12. September 1996 wurde das CentrO eröffnet. Mit 119 000 m² Verkaufsfläche ist es nicht nur das größte Einkaufszentrum im gesamten Ruhrgebiet, sondern auch Deutschlands größtes Shopping- und Freizeitzentrum. Über 220 Einzelhandelsgeschäfte bieten den Besuchern ihre Waren an, vom kleinen Kiosk bis zu großen Warenhäusern. Die gläserne Dachkonstruktion mit ihren Lichtkegeln und Kuppeln überspannt einen luxuriös ausgestatteten Innenraum, eine zentrale Geschäftsstraße, an der sich auf zwei Geschossebenen Läden aufreihen. Einkaufen wird zu einem nicht enden wollenden Erlebnis. Damit kein Besucher Hunger und Durst leiden muss, stehen in der Mitte des Komplexes eine Vielfalt von Imbissgelegenheiten zur Verfügung. Um das CentrO herum gibt es über 14 000 kostenlose Parkplätze.

CentreO was opened on September 12 1996. With 119,000 m² of shopping space it is the largest shopping and leisure centre not only in the whole of the Ruhr District, but in the whole of Germany. More than 220 retail outlets offer their goods for sale, from the small kiosk to the large department stores. The glass roof construction with its cones of light and cupolas covers a luxuriously equipped interior space, a central shopping mall, with shops on two levels. Shopping becomes an experience that you never wish to end. To satisfy the appetite of the shopper there is a wide range of snack bars. The area around CentrO has free parking space for 14,000.

Le CentrO a été inauguré 12 septembre 1996. Avec ses 119 000 m² de surface de vente, c'est non seulement le plus grand centre commercial de la Ruhr mais également le plus grand centre de shopping et de loisirs d'Allemagne. Plus de 220 magasins, allant du petit kiosque au grand magasin, y proposent leurs marchandises. La toiture de verre – avec ses faisceaux lumineux et ses coupoles – recouvre un espace intérieur luxueux traversé par une rue commerçante bordée de deux étages de magasins. Faire les courses se transforme en une expérience à n'en plus finir. Et pour que les visiteurs ne souffrent ni de la faim ni de la soif, le centre du complexe abrite une multitude de snacks. Autour du CentrO se trouvent plus de 14 000 places de parking gratuites.

Sealife Abenteuer Park und LEGO Land Discovery Center

Der Sealife Abenteuer Park Oberhausen ist der größte seiner Art in Deutschland. Kernstück des Parks ist das Sealife Aquarium, in dem die Besucher mehr als 5000 Meeresbewohner in über 50 Becken besichtigen können. 2010 gab es einen ganz besonders berühmten tierischen Bewohner, Krake Paul, der während der Fußball WM alle Spielergebnisse der deutschen Nationalmannschaft richtig voraussagte und dafür den Namen „Orakel Paul" erhielt.
2013 zog LEGO Land von Duisburg zur Neuen Mitte Oberhausen und hat jetzt neben dem Sealife Abenteuer Park seinen Platz. Mit über vier Millionen Legosteinen wird an jedem Tag des Jahres eine Entdeckungstour „durch die größte LEGO Box der Welt" geboten.

The Sealife Abenteuer Park Oberhausen is the largest of its kind in Germany. The heart of the park is the Sealife Aquarium, in which visitors can see more than 5,000 sea creatures in over 50 pools. In 2010 one of the residents became particularly well-known, Paul the octopus, who forecast correctly all the results of the German team for the football World Cup and so was nicknamed "Oracle Paul".
In 2013 LEGO Land (photo right) of Duisburg moved to the Neue Mitte (New Centre) of Oberhausen and now has its place next to Sealife Abenteuer Park. It has more than four million Lego blocks and every day offers a discovery tour through the "largest LEGO box in the world".

Le parc d'aventure Sealife d'Oberhausen est le plus grand de ce genre en Allemagne. L'élément central de ce parc est l'aquarium Sealife dans lequel les visiteurs peuvent oberver plus de 5000 animaux marins dans plus de 50 bassins. En 2010, on a pu y voir un occupant particulièrement célèbre: «Paul le poulpe» aussi surnommé «l'oracle d'Oberhausen» parce que, lors des championnats du monde de football, il avait su prédire tous les résultats de l'équipe d'Allemagne. En 2013, LEGO Land (photo à droite) a quitté Duisburg pour le nouveau centre d'Oberhausen où il a maintenant sa place à côté du parc Sealife. Plus de quatre millions de briques LEGO invitent, chaque jour de l'année, à une visite de découverte «à travers la plus grande boîte de LEGO du monde».

Metronom Theater

Das Metronom Theater wurde in den Jahren 1998/1999 erbaut. Mit seinem grünen Dach in Form eines Drachenkopfes ist es weithin sichtbar. Mittlerweile bietet es über 1800 Besuchern Platz und ist durch Aufführungen von bekannten Musicals wie „Wicked – Die Hexen von Oz" oder „Die Schöne und das Biest" zu einer über die Grenzen Oberhausens hinaus bekannten Aufführungsstätte geworden.

The Metronom Theatre was built in 1998/1999. With its green roof in the shape of a dragonhead it is visible from quite a long distance. It seats over 1,800 and, with its performances of well-known musicals such as "Wicked – The Witches of Oz" or "The Beauty and the Beast", has become famous beyond the confines of Oberhausen.

Le théâtre Metronom a été construit en 1998/1999. Son toit vert en forme de tête de dragon le rend visible de loin. Il peut maintenant accueillir plus de 1800 visiteurs et est connu au-delà des limites de la ville grâce à des comédies musicales telles que «Wicked- Les Sorcières d'Oz» ou «La Belle et la Bête».

König Pilsener Arena

Die König Pilsener Arena ist ein überaus erfolgreicher Multifunktionsveranstaltungsort. Sie fasst über 12000 Besucher und ihr abwechslungsreiches Programm hat für jeden Geschmack etwas zu bieten. Neben deutschen Showgrößen treten ausländische Stars auf wie Lionel Richie, Elton John oder Anastacia.

The König Pilsener Arena is an extremely successful multi-functional event facility. It has space for over 12,000 and offers a varied programme for every taste. In addition to German stars big names from abroad, such Lionel Richie, Elton John or Anastacia, also appear here.

La König Pilsener Arena est une salle de spectacle polyvalente très performante. Elle contient plus de 12000 visiteurs et propose des spectacles pour tous les goûts avec aussi bien des vedettes allemandes que des stars internationales telles que Lionel Richie, Elton John ou Anastacia.

Heinz-Schleußer-Marina

Die Heinz-Schleußer-Marina wurde 2004 eröffnet. Sie liegt direkt am Rhein-Herne-Kanal und in unmittelbarer Nähe des CentrO, dem Sealife Abenteuer Park, der König Pilsener Arena und weiteren Unterhaltungs- und Vergnügungsstätten der Neuen Mitte. Die Marina bietet rund 60 Booten Platz zum Ankern, selbst solchen mit bis zu zwei Metern Tiefgang. Ihren Namen erhielt sie von Heinz Schleußer, einem politischen Urgestein Oberhausens, der ein passionierter Sportbootfreund war.

The Heinz Schleußer Marina was opened in 2004. It is directly on the Rhine-Herne Canal and quite near CentrO, the Sealife Adventure Park, the König Pilsener Arena and other venues for entertainment and pleasure of the Neue Mitte (New Centre). The marina offers space for 60 boats to lie at anchor, even those with a draught of up to two metres. Its name comes from Heinz Schleußer, a political giant in Oberhausen, who was a passionate motor boat fan.

La marina Heinz-Schleusser a été inaugurée en 2004. Elle est située en bordure du canal Rhin-Herne et à proximité immédiate du CentrO, du parc d'aventure Sealife, de la König Pilsener Arena et d'autres centres de divertissement de la Neue Mitte. La marina dispose de 60 places d'amarrage allant jusqu'à 2 m de tirant d'eau. Elle doit son nom à Heinz Schleusser qui était un vieux routier de la vie politique d'Oberhausen et un amateur passionné de nautisme.

Slinky Springs to Fame

Abends, wenn es dunkel wird, verwandelt sich diese Brücke in ein leuchtendes Objekt. 2010 wurde die von dem Aktionskünstler Tobias Rehberger für die Ausstellung EMSCHERKUNST entworfene Fußgängerbrücke von der Emschergenossenschaft fertiggestellt.

In the evening, when it is dark, this bridge is transformed into a luminous object. In 2010 the pedestrian bridge designed by action artist Tobias Rehberger for EMSCHERKUNST (an international art exhibition held in the region) was completed.

Le soir, à la nuit tombante, ce pont se transforme en un ouvrage lumineux. Réalisée en 2010, la passerelle a été conçue par l'artiste performeur Tobias Rehberger à l'occasion de l'EMSCHERKUNST.

Gasometer

Was wäre Oberhausen ohne den Gasometer? Wenn man auf der A42 fährt, kann man ihn mehrere Kilometer weit sehen. Er ist das Wahrzeichen der Stadt. 1929 wurde er als größter Gasspeicher in Europa erbaut. Nach seiner Stilllegung im Jahr 1988 wurde er zu einer Ausstellunghalle umfunktioniert. Wer sich im Gasometer in den gläsernen Aufzug wagt und bis zur Aussichtsplattform hinauffährt, der erlebt nicht nur „Sturmesbrausen“, sondern auch einen grandiosen Blick in die nähere und bei klarem Wetter weitere Umgebung.

What would Oberhausen be without the gasometer? When you drive on the A42, you can see it from several kilometres away. It is the symbol of the city. In 1929, when it was built, it was the largest gas tank in Europe. After it had been closed in 1998, it was converted to an exhibition hall. If you are up to taking the glass lift that leads to the viewing platform, you will experience not only rushing winds, but a splendid view of the the immediate landscape and, on clear days, of much further afield.

Que serait Oberhausen sans le Gazomètre? Quand on roule sur l’A42, on peut le voir à des kilomètres. L’emblème de la ville était, à l’époque de sa construction en 1929, le plus grand gazomètre d’Europe. Après sa fermeture en 1988, il a été transformé en halle d’exposition. Les visiteurs courageux qui empruntent l’ascenseur en verre pour monter jusqu’à la plate-forme panoramique sont non seulement exposés au «rugissement de la tempête» mais également récompensés, surtout par temps clair, par une vue grandiose.

Emscher Kunst „Der Zauberlehrling“

Nicht weit entfernt vom Gasometer wurde im Rahmen der EMSCHERKUNST 2013 ein künstlerisches Denkmal zum Thema Energiewende errichtet. Die Künstlergruppe „Inges Idee“ installierte einen 35 Meter hohen, tanzenden Strommast, den „Zauberlehrling“.

Not far from the gasometer a monument on the subject of the Energiwende (Energy Revolution) was set up in 2013 within the framework of EMSCHER-KUNST. The group of artists “Inges Idee (Inge’s Idea)” installed a 35 m high dancing electricity mast, the “Zauberlehrling”.

Un monument artistique sur le thème du tournant énergétique a été édifié non loin du Gazomètre dans le cadre de l’EMSCHERKUNST 2013. L’«Apprenti sorcier» du collectif d’artistes «Inges Idee» est un poteau électrique dansant haut de 35 m.

Wasserturm Gutehoffnungshütte

Der 50 Meter hohe Wasserturm der Gutehoffnungshütte ist ebenfalls ein Wahrzeichen der Stadt. Er wurde 1897 an der Mülheimer Straße errichtet und sein Fassungsvermögen betrug eine Million Liter. Seit 1985 ist er denkmalgeschützt.

Wasserturm Gutehoffnungshütte (Water Tower Good Hope Ironworks). The 50 m high water tower is also a symbol of the city. In 1897 it was set up on Mülheimer Straße and was capable of holding million litres of water. It has been under monument protection since 1985.

Haut de 50 m, le château d’eau de l’usine Gute-Hoffnung est aussi un emblème de la ville. Édifié rue de Mülheim en 1897, il pouvait contenir un million de litres d’eau. Il est classé monument historique depuis 1985.

Müllverbrennungsanlage Niederrhein

Die Gemeinschafts-Müllverbrennungsanlage Niederrhein in Lirich liegt direkt am Rhein-Herne-Kanal und dient auch Städten der Umgebung zur Müllentsorgung. Im Vordergrund ist eine Umspannanlage zu sehen: in der Verbrennungsanlage wird auch Strom erzeugt.

This plant in Lirich is directly on the Rhine-Herne Canal and is used by cities in the area to deposit their waste. In the foreground you can see a transformer facility: the incineration plants also produces electricity.

L'usine d'incinération des déchets de la collectivité de Basse-Rhénanie à Lirich est située en bordure du canal Rhin-Herne et traite également les déchets des villes des environs. Au premier plan de l'usine, dans laquelle est également produite de l'électricité, se trouve un poste de transformation.

Technologiezentrum Umweltschutz

Historisches neben Modernem: das Technologiezentrum Umweltschutz an der Essener Straße wurde nach Entwürfen der französischen Architekten Bernard Reichen und Philippe Robert in Zusammenarbeit mit dem Oberhausener Architektenbüro Dratz gebaut. Es ist ein Paradebeispiel für den gelungenen Strukturwandel in Oberhausen.

In schönem Gegensatz dazu steht das 1913 entstandene Werksgasthaus (Foto unten), das von Carl Weigele im Stil des Historismus erbaut wurde und ebenfalls vom Technologiezentrum genutzt wird.

Historical museum next to the modern: The Technology Centre Evironmental Protection on Essener Straße was designed by French architects Bernard Reichen and Philippe Robert in collaboration with Dratz, a local firm of architects. It is a prime example of successful structural change in Oberhausen.

By way of a pleasing contrast the works guest house, built in 1913 (photo below) by Carl Weigele in the historicist style and also used by the Technology Centre.

Passé et présent côte à côte: le Centre technologique de l'environnement de la rue d'Essen a été bâti d'après des plans des architectes français Bernard Reichen et Philippe Robert en collaboration avec le bureau d'architecture Dratz, d'Oberhausen. C'est l'exemple parfait d' une évolution structurelle réussie.

La maison de style historiciste destinée aux hôtes de l'usine (photo du bas) a été construite par Carl Weigele en 1913 et est également utilisée par le Centre technologique.

Emscher Landschaftspark

Für die Verwirklichung des Emscher Landschaftsparks haben sich neben Oberhausen 20 weitere Städte, Gemeinden und Kreise aus dem Ruhrgebiet zusammengetan. Ziel ist es, einen riesigen gemeinsamen Park für die Metropole zu schaffen. Sowohl die Oasen der Natur als auch die Denkmäler der gemeinsamen industriellen Vergangenheit sollten erhalten werden. Auf Oberhausener Stadtgebiet ist Haus Ripshorst die wichtigste Anlaufstelle des Landschaftsparks.

The Emscher Landschaftspark is the product of a collaborative effort involving 20 other cities, towns and districts from the Ruhr District. The aim is to create a large common park area for the metropolis and to preserve both the oases of nature and the monuments of a common industrial heritage. The most important entry point to the park from Oberhausen is Haus Ripshorst.

Le parc paysager de l'Emscher a été une réalisation collective à laquelle ont participé, avec Oberhausen, 20 autres villes, communes et arrondissements de la Ruhr dans le but de créer un immense parc pour la métropole et de conserver aussi bien les havres de nature que les monuments du passé industriel commun. Sur le territoire de la ville d'Oberhausen se trouve la maison Ripshorst, le centre d'information principal du parc.

Sterkrade

Technisches Rathaus

An der Bahnhofstraße in Sterkrade befindet sich das Technische Rathaus. Als das 1930 eröffnete Rathaus an der Schwartzstraße zu klein wurde, ließ die Stadt Oberhausen zwei alte Firmengebäude der Gutehoffnungshütte umbauen und im Jahr 2000 zogen die technischen Ämter ein.

Sterkrade

It can be found on Bahnhofstraße in Sterkrade. When it was opened in 1930, it was too small, so the city had two old company buildings of the Gutehoffnungshütte rebuilt, and in 2000 the various offices moved in.

Sterkrade

Rue de la Gare se trouve la mairie technique de Sterkrade. Lorsque l'ancienne mairie de la rue Schwartz inaugurée en 1930 est devenue trop petite, la ville d'Oberhausen a fait transformer deux anciens bâtiments industriels de l'usine Gute-Hoffnung et les services techniques s'y sont installés en 2000.

Bahnhofstraße in Sterkrade

Die Bahnhofstraße in Sterkrade gehört zu den Einkaufsmeilen, in denen sich alteingesessene Geschäfte und neue Läden abwechseln. Dort, wo die Straße kurz vor dem Bahnhof auf den Zilianplatz mündet, steht der steinerne „Hüttenmann“ von Wilhelm Hanebal. Die Skulptur erinnert an Sterkrades industrielle Vergangenheit (vgl. Foto unten).

This is one of the shopping areas in which old and new shops can be found side by side. Where the street joins the Zilianplatz, shortly before the station, is the stone statute of the “Hüttenmann” (Ironworker) of Wilhelm Hanebal. It recalls the industrial past of Sterkrade. (see photo below)

À Sterkrade, la rue de la Gare est l'une de ces artères commerçantes où des magasins établis de longue date alternent avec de nouvelles boutiques. Là où, peu avant la gare, la rue débouche sur la place Zilian, se dresse le «Hüttenmann» de Wilhelm Hanebal. La sculpture en pierre rappelle le souvenir du passé industriel de Sterkrade (photo du bas).

Altes Rathaus Sterkrade

Das alte Rathaus an der Steinbrinkstraße in Sterkrade wurde 1888 als Bürgermeisterei im Stil der Neorenaissance erbaut. 1913 wurden Sterkrade die Stadtrechte verliehen. Das Rathaus diente damals als Bürgermeisterei für die Bereiche Sterkrade, Holten und Buschhausen. Hier wurde nicht nur verwaltet, sondern sogar geschlafen – natürlich nur nachts – schließlich nutzte der Bürgermeister dieses Gebäude auch als Wohnstätte. Das etwas schlichtere Gebäude an der rechten Seite des Rathauses ist ein Erweiterungsbau, der um die Jahrhundertwende entstand.

The old Town Hall on Steinbrinkstrasse in Sterkrade was built in 1888 as the seat of the Mayor in new renaissance style. In 1913 Sterkrade was granted its city charter. The Town Hall served at the time as the seat of the Mayor for Sterkrade, Holten and Buschhausen. It was a place not only of administration, but a place that provided overnight accommodation – the Mayor used it also as a residence. The somewhat simpler building to the right of the Town Hall is an extension built at the turn of the century.

L'ancienne mairie néo-Renaissance de Sterkrade a été construite rue Steinbrink en 1888. Élevé au rang de ville en 1913, Sterkrade se partageait alors la mairie avec Holten et Buschhausen. C'était non seulement un endroit où l'on travaillait mais également un endroit où l'on dormait, bien sûr seulement la nuit, puisque le maire y habitait. Le bâtiment un peu plus simple situé à droite de la mairie a été rajouté au tournant du siècle.

Sterkrader Fronleichnamskirmes

Die Sterkrader Fronleichnamskirmes ist weit über die Grenzen der Stadt hinaus bekannt. Mehr als eine Million Menschen besuchen diese Traditionsveranstaltung, die sechs Tage lang stattfindet, vom Mittwoch vor Fronleichnam bis zum nachfolgenden Montag. In ihren besten Zeiten betrieben um die 500 Schausteller ihre Geschäfte. Am Montagabend beendet ein farbiges Feuerwerk das nicht weniger bunte Kirmesspektakel. Die moderne Propsteikirche St. Clemens ist aus dem alten Kloster Sterkrade hervorgegangen – genauer gesagt: sie steht sogar auf dem Platz der alten Klosterkirche.

Known beyond the region, the fair, which lasts from Wednesday before Corpus Christi to the following Monday. At its peak the fair had about 500 stall holders. The conclusion of the multi-coloured fair was an equally multi-coloured fireworks display on Monday evening. The moder priory church of St. Clemens (centre) comes from the old Sterkrade monastery – more precisely, it occupies the site of the old monastery church.

La kermesse de la Fête-Dieu est connue bien au-delà des frontières de la ville. Plus d'un million de visiteurs viennent à cette manifestation célèbre qui a lieu du mercredi précédant la Fête-Dieu au lundi suivant. À une certaine époque, on y trouvait jusqu'à 500 forains. Le lundi soir, un feu d'artifice coloré clôt le spectacle tout aussi bigarré de la kermesse. L'église prieurale de Saint-Clément (au centre de la photo) se dresse à l'emplacement de l'ancienne église abbatiale.

Sankt Clemens Hospital

Auch das Sankt Clemens Hospital hat seine Geschichte: Dechant Witte von der Kirche Sankt Clemens sorgte 1866 dafür, dass zwei Schwestern nach Sterkrade kamen, um bei der Versorgung der Cholerakranken zu helfen. Die Schwestern mussten ihre Patienten in Baracken pflegen. Der erste kleine Krankenhausbau im Jahr 1868 war der Anfang für das heutige Sankt Clemens Hospital. Das Krankenhaus hat sich jüngst mit den katholischen Kliniken Oberhausen zum Katholischen Klinikum Oberhausen zusammengeschlossen.

St Clement's too has a history. Dean Witte of St Clement's church in 1866 had two nursing sisters come to Sterkrade to help with caring for cholera victims. The sisters had to care for them in the barracks. The first small hospital building in 1868 was the beginning of what is now St Clement's hospital. The hospital has recently merged with the Catholic hospital to become the Katholisches Klinikum Oberhausen (Oberhausen Catholic Hospital).

L'hôpital Saint-Clément a lui aussi son histoire: en 1866, le doyen Witte a fait venir deux religieuses à Sterkrade pour aider à soigner les cholériques qui étaient alors installés dans des baraques. Le premier petit bâtiment édifié en 1868 a posé les bases de l'actuel hôpital Saint-Clément. L'établissement vient récemment de fusionner avec l'hôpital catholique d'Oberhausen pour former le Katholisches Klinikum Oberhausen.

Zeche Sterkrade

Das Fördergerüst und die Schachthalle sind Relikte der ehemaligen Zeche Sterkrade und stehen unter Denkmalschutz. Das dreibeinige Fördergerüst wurde 1903 aufgerichtet und ist eines der ältesten erhaltenen Gerüste dieser Art in Nordrhein-Westfalen. Die unmittelbar anschließende Schachthalle wurde ebenfalls 1903 gebaut. Sie erinnert mit ihrer historischen und massiven Backsteinfront an die Malakowtürme der Region.

The pithead frame and mine shaft house are remnants of the former Sterkrade mine and are now under monument protection. The three-legged frame was set up in 1903 and is one of the oldest preserved frames of its kind in North Rhine Westphalia.The mine shaft house next to it was also built in 1903. With its massive brick façade it recalls the Malakov Towers (named after a Russian fortress in the mid-19th cent. Crimean War built on Malakov Hill).

Le chevalement et la halle sont des vestiges de l'ancienne mine de Sterkrade et sont des monuments classés. Le chevalement a été dressé en 1903 et est l'un des plus anciens de cette espèce encore conservé en Rhénanie-du-Nord-Westphalie. La halle voisine date elle aussi de 1903. Sa façade massive en brique rappelle les tours Malakow de la région.

OLGA Park

1999 kam die Landesgartenschau nach Oberhausen. Als ideales Gebiet bot sich damals das ehemalige Gelände der Zeche und Kokerei Osterfeld an. Bis dahin lag das Gelände brach und war für die Öffentlichkeit nicht zugänglich. Das änderte sich mit Beginn der Landesgartenschau. Die Besucher konnten durch eine circa 26 Hektar große Parklandschaft spazieren, vorbei an den wenigen noch verbliebenen Industriedenkmälern, aber dafür mitten durch blühende Pflanzen.

In 1999 the Landesgartenschau (State Garden Show) came to Oberhausen. The ideal area for it was the former property of the mine and coke works at Osterfeld. Until then the area had been unused and not accessible to the public. This changed with the opening of the Landesgartenschau. Visitors were able to walk through a 26 hectare park landscape, past the few still remaining monuments of industry now covered in green.

En 1999, les Floralies fédérales se sont tenues à Oberhausen. L'ancien site de la mine et de la cokerie d'Osterfeld offrait des conditions idéales. Le terrain était jusque-là inutilisé et fermé au public. Cela a changé avec les Floralies. Les visiteurs pouvaient se promener parmi les fleurs d'un parc d'environ 26 ha parsemé de rares vestiges industriels.

Zeche Osterfeld

Fast alle Tagesanlagen der Zeche Osterfeld mussten der Landesgartenschau OLGA weichen. In ihren besten Zeiten beschäftigte diese Zeche mehr als 5000 Menschen, die über zwei Millionen Tonnen Steinkohle pro Jahr förderten. Geblieben sind aus dieser beeindruckenden Zeit der Förderturm, das alte Steigerhaus und die Pförtnerhäuser.

Almost all of the surface installations of the Osterfeld mine had to give way to the Landscape Garden Show OLGA. In its best days this mine employed more than 5,000 people, who extracted over two million tons of black coal every year. All that remains from this impressive period are the hoisting equipment, the foreman's house and the gate houses.

Presque tous les équipements à ciel ouvert de la mine Osterfeld ont dû céder la place aux Floralies du land. À sa grande époque, la mine employait plus de 5000 personnes et on y extrayait plus de deux millions de tonnes de houille par an. De cette grande époque sont restés le chevalement, la vieille maison de contremaitre et les conciergeries.

Baumeistermühle

Die Baumeistermühle in Buschhausen ist eine holländische Turmwindmühle. Sie wurde 1858 von dem Müller Heinrich Baumeister erworben und als Getreidemühle betrieben. Die Mühle ist auch heute noch im Besitz der Familie Baumeister, die bei ausreichendem Wind gerne die Mühle in Aktion zeigt. In der Mühle befindet sich ein Restaurant. Das ehemalige Sacklager wurde zu einem Veranstaltungsraum umfunktioniert.

The Baumeistermühle in Buschhausen is a Dutch windmill. It was built in 1858 and acquired by Heinrich Baumeister, a miller, for use as a grain mill. The mill is still owned by the Baumeister family, which is still happy to show the mill in action when there is enough wind. There is now a restaurant in the mill, and the former storage area has been converted to an event room.

Le moulin Baumeister de Buschhausen est un moulin-tour hollandais. Il a été acheté en 1858 par le meunier Heinrich Baumeister. Le moulin appartient aujourd'hui encore à la famille Baumeister qui accepte avec plaisir de le faire fonctionner quand il y a assez de vent. Le moulin héberge un restaurant et son ancien grenier a été transformé en salle de conférence.

Kastell Holten

Das Kastell Holten wurde im Jahr 1188 erstmals urkundlich erwähnt. 1307 errichtete Engelbert von der Mark ein neues Kastell in Holten. Der bis heute erhaltene Teil ist der Ostflügel des im 16. Jahrhundert erneuerten Gebäudes. Das Kastell dient inzwischen als Versammlungsort der Holtener Schützengilde, BSG Holten 1308, die auf eine beinahe ebenso lange Geschichte zurückblickt, wie das Kastell selbst und sich um die Erhaltung des Gebäudes verdient macht.

Kastell Holten is first mentioned in documentary sources in 1188. In 1307 a new castle in Holten was built by Engelbert von der Mark. The only surviving part is the east wing of the building that was renovated in the 16th cent. It is now used for gatherings by the Holten Rifle Association, BSG Holten 1308, which has a history almost as long as that of the castle and to which we are indebted for the preservation of the building.

Le château Holten a été pour la première fois mentionné dans un document de 1188. En 1307, Engelbert von der Mark a bâti un nouveau château à Holten. La partie encore conservée est l'aile Est du bâtiment rénové au 16e siècle. Le château est le lieu de réunion de la BSG Holten 1308, la société de tir de Holten dont l'histoire est presque aussi ancienne que celle du château lui-même et qui a beaucoup fait pour la conservation du bâtiment.

Stadion Niederrhein

Im Stadion Niederrhein kommen seit 1926 vor allem Fußballfans auf ihre Kosten. Es liegt auf der Emscher Halbinsel, also genau zwischen der Emscher und dem Rhein-Herne-Kanal. Über 20 000 Zuschauer finden darin Platz, 4000 davon auf überdachten Plätzen.

Used mostly by football fans who have been paying to come here since 1926. It is on the Emscher peninsula, that is exactly between the Emscher and the Rhine-Herne Canal. It has space for over 20,000 spectators, 4,000 of whom are under a roof.

Le stade Niederrhein existe depuis 1926 et fait avant tout le bonheur des amateurs de football. Situé sur la presqu'île de l'Emscher, à mi-chemin entre l'Emscher et le canal Rhin-Herne, il a une capacité de plus de 20 000 places dont 4000 couvertes.

Rot-Weiß Oberhausen

Der SC Rot-Weiß Oberhausen ist einer der Traditionsvereine des Ruhrgebiets. Als der Verein 1974 die Aufstiegsrunde zur Bundesliga erreichte, stand ganz Oberhausen Kopf. „RWO schlägt keiner“ schallte es auswärtigen Besuchern im und außerhalb des Stadions entgegen. Vier Jahre konnte sich der Verein in Deutschlands höchster Liga behaupten.

SC Rot-Weiß Oberhausen is a Ruhr District club with tradition. When it was promoted into the Bundesliga (Federal Football League) in 1974, the whole of Oberhausen was ecstatic. “RWO is unbeatable” was the cry that greeted fans from visiting teams and supporters, both inside and outside the stadium. The club managed to stay in Germany’s top league for four years.

Le SC Rot-Weiss Oberhausen est un célèbre club de football de la Ruhr . Lorsqu’il s’est vu en passe de monter en Bundesliga en 1974, Oberhausen était dans tous ses états. «Personne ne bat le RWO»: dans le stade et en ville, ce chant résonnait aux oreilles des supporters adverses. Le club a pu se maintenir quatre ans en première ligue.

Der Oberhausener als solcher …

… ist gesellig und feiert gern wie hier beim Weißen Dinner auf dem Saporishja Platz, einem Event mit über 100 Besuchern.

The Oberhausener as such is sociable and happy to celebrate, as here at the White Dinner on Saporishja Platz, an event celebrated with over 100 visitors.

À Oberhausen on aime la compagnie et la fête – comme ici à l'occasion du dîner en blanc qui a réuni plus de cent convives sur la place de Zaporijia.

Beim Maibaumfest auf dem Marktplatz Schmachtendorf lassen sich die Besucher selbst vom untypischen Wetter die Laune nicht verderben.

At the May Tree festival on the Market Square of Schmachtendorf visitors do not let the untypical weather spoil the mood.

Lors de la fête de l'arbre de Mai de la place du Marché de Schmachtendorf, les visiteurs ne se laissent pas démoraliser par le mauvais temps.

St. Antony Hütte

Am Rande von Osterfeld, im Ortsteil Klosterhardt, liegt ein ganz besonderes Relikt alter Industriekultur: das Direktorenwohnhaus der St. Antony Hütte. Die St. Antony ist die älteste Hütte Oberhausens und des gesamten Ruhrgebiets. 1758 wurde ihr Hochofen in Betrieb genommen. Heute beherbergt das Direktorenwohnhaus, das als einziges noch verbliebenes Gebäude an die Zeche erinnert, ein Museum. Neben dem Haus kann der industriearchäologische Park besichtigt werden. Er ist der Erste seiner Art in Deutschland.

On the edge of Osterfeld, in the district of Klosterhardt, there is a very special remnant of old industrial culture: the house of the Director of St Antony's Ironworks, the oldest in Oberhausen and the entire Ruhr District. Its blast furnace came into operation in 1758. Today the Director's house, the only surviviving building that recalls the mine, is a museum. Beside the house is an industrial archaeology park, the first of its kind in Europe.

En bordure d'Osterfeld, dans le quartier de Klosterhardt, se trouve un vestige bien particulier de l'ancienne culture industrielle: la maison d'habitation des directeurs de l'usine Saint-Antony qui est la plus ancienne usine d'Oberhausen et de toute la Ruhr. Son haut-fourneau est entré en activité en 1758. La maison, qui est le dernier bâtiment encore existant de la mine, abrite aujourd'hui un musée. À côté de la maison, on peut visiter le parc d'Archéologie industrielle, le premier de ce genre en Allemagne.

Osterfeld

Marktplatz Osterfeld

Der Marktplatz in Osterfeld ist einer von Oberhausens zentralen Plätzen, auf denen die Einwohner schon früher ihre Einkäufe tätigten. In der ersten Hälfte des 20. Jahrhunderts stand hier eines der typischen Markthäuschen. Auch heute noch findet auf diesem Platz der Wochenmarkt statt, jeweils dienstags und freitags von 8 – 13 Uhr. Bei schönem Wetter laden kleine Sitzgruppen zum Verweilen ein.

Osterfeld

Market Square in Osterfeld is of the central squares of Oberhausen, where people used to go shopping. In the first half of the 20th cent. it was occupied by typical small market stalls. The weekly market is still held here, on Tuesdays and Fridays from 8 am – 1 pm. In nice weather small groups of people sitting there are an invitation to join them.

Osterfeld

Le Marché d'Osterfeld est une des places centrales d'Oberhausen. Autrefois déjà, les habitants y faisaient leurs courses. Dans la première moitié du 20e siècle se dressait ici un kiosque de marché typique. Aujourd'hui encore, un marché se tient le mardi et le vendredi de 8 h à 13 h sur cette place. Par beau temps, il fait bon s'y asseoir un instant.

Marienhospital Osterfeld

Das Marienhospital ist das zentrale Krankenhaus in Osterfeld, sein ältester Teil ist seit 1885 in Betrieb. Damals waren ein Arzt und drei Schwestern für die Patienten zuständig. Heute gehört das Krankenhaus an der Nürnberger Straße zum Verbund der Katholischen Kliniken Oberhausen mit fünf nach modernsten Gesichtspunkten ausgestatteten OP-Sälen.

The main hospital in Osterfeld, whose oldest part has been in operation since 1885. At that time there was a doctor and three nurses for the patients. Today the hospital on Nürnberger Straße belongs to the network of Catholic Hospitals in Oberhausen, with five operation theatres equipped to the most modern standards.

L'hôpital Sainte-Marie est l'hôpital principal d'Osterfeld et sa partie la plus ancienne est en activité depuis 1885. À cette époque, les patients avaient un médecin et trois sœurs à leur disposition. Aujourd'hui, l'hôpital de la rue de Nuremberg est rattaché au groupement des Cliniques catholiques d'Oberhausen et est équipé de cinq salles d'opérations des plus modernes.

Rathaus Osterfeld

Die Grundsteinlegung für das Rathaus Osterfeld erfolgte 1894. Ähnlich wie in Sterkrade wohnte und arbeitete der Bürgermeister zunächst in diesem Gebäude. 1900 wurde angebaut, bis das Rathaus 1904 sein endgültiges Aussehen erhielt. Auf diesem Foto ist es rechts zu sehen. Links steht eines der schönen alten Bürgerhäuser Osterfelds.

The foundation stone ceremony for the Osterfeld Town Hall took place in 1894. As in Sterkrade the Mayor lived and worked in this house. In 1900 extension work was carried out until the house achieved its present appearance in 1904. On this photo it is on the right, and on the left is one of the attractive old residences of Osterfeld.

La pose de la première pierre de la mairie d'Osterfeld a eu lieu en 1894. Comme à Sterkrade, le maire a d'abord habité et travaillé dans ce bâtiment. La mairie (maison de droite) doit son apparence actuelle à des travaux d'agrandissement effectués entre 1900 et 1904. À gauche se dresse l'une des belles maisons bourgeoises d'Osterfeld.

Propsteikirche Sankt Pankratius

Wenn man ihren Vorgängerbau, die kleine Dorfkirche, die bis 1895 existierte, berücksichtigt, so ist die Propsteikirche Sankt Pankratius die älteste Pfarrkirche in Oberhausen. 1896 wurde sie konsekriert und in den darauffolgenden Jahren, besonders nach dem Zweiten Weltkrieg, ausgebessert und renoviert. Seit 1986 steht sie unter Denkmalschutz.

If you look at its predecessor, the small village church that was there until 1895, St Pancratius is the oldest parish church in Oberhausen. In 1896 it was consecrated and in the following years, especially after WW2, improved and renovated. It has been under monument protection since 1986.

Si l'on tient compte de la petite église de village qui se trouvait ici jusqu'en 1895, l'église prieurale Saint-Pancrace est la plus ancienne église paroissiale d'Oberhausen. Elle a été consacrée en 1896 et rénovée dans les années qui ont suivi, particulièrement après la Seconde Guerre mondiale. Elle est classée depuis 1986.

Siedlung Eisenheim

Osterfeld kann noch ein weiteres Juwel unter den Oberhausener Industriedenkmälern aufweisen: die Siedlung Eisenheim. Da sie eine der ältesten erhaltenen Arbeitersiedlungen Deutschlands ist, wurde sie 1972 unter Denkmalschutz gestellt, nachdem ihr zuvor die Abrissbirne gedroht hatte. Doch dank der Proteste der Bewohner und der Fürsprache einflussreicher Persönlichkeiten wie dem ehemaligen Bundespräsidenten Gustav Heinemann konnte die Siedlung gerettet werden.

Osterfeld can show another jewel among its industrial monuments: Eisenheim. Because it is one of the oldest industrial housing estates in Germany, it was placed under monument protection in 1972 after it had been threatened with demolition. But thanks to the protests of the residents and the support of leading personalities, such as the former Bundespräsident (Federal President) Gustav Heinemann it was possible to save the estate.

La cité d'Eisenheim est l'un des autres monuments industriels dont Osterfeld peut s'enorgueillir. L'une des plus anciennes cités ouvrières encore conservées d'Allemagne a été classée monument historique en 1972 après avoir échappé à la démolition grâce aux protestations de ses habitants et à l'intervention de personnalités influentes telles que l'ancien président de la République Gustav Heinemann.

Wohnhäuser für Bergarbeiter

Ab 1860 wurden in Eisenheim Wohnhäuser für die Bergarbeiter gebaut. Damit beseitigten die Zechenbesitzer den Wohnraummangel und schufen für ihre Arbeiter aus damaliger Sicht behagliche Unterkünfte, die oft Platz für einen kleinen Garten und Kaninchenstall oder Taubenschlag boten. Mit ihren zwar winzigen, aber heimeligen Räumen bezaubern die Häuser den Betrachter bis heute.

Houses for miners started to be built from 1860 in Eisenheim. In this way the mine-owners overcame the problem of housing shortage and created for their employees what was then considered to be comfortable housing, which in many cases had a small garden and rabbit hutches or pigeon lofts. Visitors still find the houses attractive, with their tiny but homely rooms.

La construction de maisons de mineurs a commencé à Eisenheim en 1860. Les propriétaires des mines remédiaient ainsi à la pénurie de logements et mettaient des habitations pour l'époque confortables, et qui souvent possédaient un jardinet et un clapier ou un pigeonnier, à la disposition des ouvriers. C'est aujourd'hui encore un plaisir de contempler ces maisons aux pièces minuscules mais charmantes.

Volksmuseum Eisenheim

Im ehemaligen Waschhaus erfährt der Besucher alles über die Entstehung und Geschichte der Siedlung Eisenheim. Aber auch das Leben der ehemaligen Bewohner ist ein Thema: liebevoll wurden alte Einrichtungsgegenstände zusammengetragen wie z. B. der links abgebildete alte Kohleherd der Firma Friedrich Küppersbusch.

In the former wash house the visitor learns about the origin and history of the Eisenheim estate. The daily life of those who used to live here is also explored: old fittings have been lovingly brought together, such as the coal stove made by Friedrich Küppersbusch.

Dans l'ancien lavoir, le visiteur peut tout apprendre sur l'histoire de la cité d'Eisenheim. On y traite aussi de la vie de ses anciens habitants: des objets d'autrefois y sont rassemblés telle cette vieille cuisinière à charbon Friedrich Küppersbusch.

Rangierbahnhof Osterfeld

Als 1889 die Arbeiten zum Rangierbahnhof Osterfeld Süd begannen, waren 800 Arbeiter Tag und Nacht tätig, um die Anlage für den ständig anwachsenden Schienenverkehr fertigzustellen. Der erste Teil ging 1891 in Betrieb. 1905 erreichte der Rangierbahnhof seine Endausbaustufe und entwickelte sich in den folgenden Jahren zum größten seiner Art im Ruhrgebiet.

When work began on the shunting yard in Osterfeld South in 1889, a workforce of 800 worked day and night to complete the area necessary for the growing amount of rail traffic. The first part went into operation in 1891. In 1905 the yard was completed and in subsequent years developed into one of the largest of its kind in the Ruhr District.

800 ouvriers ont travaillé nuit et jour à la construction, commencée en 1889, de la gare de triage d'Osterfeld rendue nécessaire par l'augmentation croissante du trafic ferroviaire. La première partie est entrée en service en 1891. La gare de triage est entrée dans sa dernière phase de construction en 1905 et est devenue la plus grande de son genre de la Ruhr dans les années qui ont suivi.

Menschen in Oberhausen

Der Oberhausener pflegt seine Traditionen und die gute Nachbarschaft wie bei der gemeinsamen Karfreitagsprozession mit den Bottroper Nachbarn. Knapp tausend Menschen nehmen jährlich an dieser Prozession teil, die eine der größten des Ruhrgebiets ist.

People in Oberhausen

The Oberhausener cares for his traditions and neighbourliness, as in the common Good Friday procession with neighbours from Bottrop. Just under a thousand people take part annually in this procession, one of the largest in the Ruhr District.

Habitants d'Oberhausen

Les habitants d'Oberhausen cultivent leurs traditions et leurs relations avec leurs voisins – comme ici avec ceux de Bottrop lors de la procession du Vendredi saint. Près d'un millier de personnes participent chaque année à cette procession qui est l'une des plus grandes de la Ruhr.

Der Taubenvater

Der „Taubenvatter" ist lieber mit seinen Lieblingen allein und pflegt damit eines der traditionsreichsten Hobbys des Reviers.

He would rather be alone with his pets and cultivates one of the most traditional hobbies of the area.

La compagnie préférée du «père des pigeons» est celle de ses chers oiseaux. Il cultive ainsi l'un des passe-temps les plus traditionnels de la Ruhr.

Trinkhalle

Die Trinkhalle – sie ist weder aus dem Revier noch aus Oberhausen wegzudenken. Ein kleiner Imbiss, ein kühles Getränk oder verführerische Süßigkeiten und vor allem ein Schwätzchen – all das macht das Leben lebenswert. Diese Trinkhalle befindet sich ganz in der Nähe des Ebertbads.

It is difficult to imagine Oberhausen and the surrounding area with kiosks such as this. A small lunch counter, a cold drink or tempting sweets and, above all, chat – everything that makes life worth living. This kiosk is not far from the Ebertbad.

Impossible d'imaginer la Ruhr ou Oberhausen sans ses buvettes. Un snack, une boisson fraîche ou des confiseries tentantes et surtout un brin de causette – voilà ce qui rend la vie digne d'être vécue. Cette buvette se trouve tout près des bains Ebert.

Revierpark Vonderort

In den großzügigen Anlagen des Revierparks Vonderort kann man nicht nur bummeln und dann und wann einen Trödelmarkt besuchen, sondern einfach nur entspannen. Der Revierpark Vonderort entstand aus dem ehemaligen Waldpark Osterfeld. 1973 wurde er eröffnet und gehört zu den wohltuenden „grünen Lungen" der Stadt Oberhausen.

You can not only stroll through this extensive park and occasionally visit a flea market, but you can also simply relax. The park was created from the former woodland park of Osterfeld. It was opened in 1973 and is one of the 'green lungs' of the city.

Les vastes espaces du parc de Vonderort sont non seulement propices à la flânerie et, de temps en temps, à la visite d'un marché aux puces mais également à la détente. Les origines du parc de Vonderort remontent à l'ancien parc boisé d'Osterfeld. Inauguré en 1973, c'est l'un des bienfaisants «poumons verts» de la ville d'Oberhausen.

Revierpark Vonderort Solbad

Im lichtdurchfluteten Solbad Vonderort kann man es sich richtig gut gehen lassen und im 32 Grad warmen Solbecken wunderbar entspannen. Seit 1991 ergänzt das Solbad das Freizeitangebot des Revierparks.

This light-suffused saltwater bath is an ideal way of enjoying one's time and, at a temperature of 32 degrees, relaxing. It has been an attraction of the park since 1991.

Quoi de plus agréable que de se détendre dans les eaux à 32° du bassin d'eau salée de la piscine baignée de lumière qui compte, depuis 1991, parmi les attractions du parc de Vonderort.

Siedlung Vondern

Die Siedlung Vondern wurde zwischen 1907 und 1913 gebaut. Ihre Häuser dienten als Unterkunft für die Bergleute der gleichnamigen Zeche. Zum Angebot der Zechenbesitzer für ihre Arbeiter und deren Familien gehörte auch eine Einkaufsmöglichkeit wie die abgebildete Verkaufsanstalt der Gutehoffnungshütte.

Built between 1907 and 1913, its houses provided accommodation for those working in the mine of the same name. The mine-owners provided shopping facilities for the miners and their families, as in this photo of a shop belonging to the Good Hope Ironworks.

La cité Vondern a été construite entre 1907 et 1913. Ses maisons abritaient les mineurs de la mine du même nom. Les propriétaires de la mine mettaient un magasin, comme ici celui de l'usine Gute-Hoffnung, à la disposition des ouvriers et de leurs familles.

Burg Vondern

Die Burg Vondern wurde im 13. Jahrhundert zum ersten Mal urkundlich erwähnt und ist somit das älteste Bauwerk Osterfelds. Gerhard von Vondern hatte um 1277 seinen Wohnsitz in dieser Burg, der er ihren Namen gab. Die Torburg mit ihren charakteristischen Türmen beeindruckt die Besucher, ganz gleich zu welcher Jahreszeit sie sich einfinden. Im Inneren gibt es eine Ausstellung der historischen Bodenfunde, die man in der Burg gemacht hat. Mittelalterliche Burgfeste und der historische Martinimarkt finden hier regelmäßig statt und sind wahre Publikumsmagnete.

First mentioned in documentary sources in the 13th cent., it is the oldest building in Osterfeld. Gerhard von Vondern lived in the castle around 1272 and gave his name to it. Visitors find the Torburg, with its characteristic towers, impressive, no matter at what time of the year they come. Inside there is an exhibition of historical artefacts made in the castle. Medieval festivals and the historic Martin's Market regularly take place here and are a magnet for the public.

Le château Vondern a été cité pour la première fois dans un document du 13e siècle et est ainsi le plus ancien bâtiment d'Osterfeld. Gerhard von Vondern avait habité vers 1277 dans ce château auquel il a donné son nom. Quelle que soit la saison, les visiteurs sont toujours impressionnés par cet édifice aux tours caractéristiques. À l'intérieur sont exposés des objets retrouvés sur le site lors de fouilles archéologiques. Les fêtes médiévales et le marché de la Saint-Martin qui y sont régulièrement organisés attirent de nombreux visiteurs.

Weitere Bücher aus dem Wartberg Verlag für Ihre Region

Willi Garth/Werner Otto
Dortmund
Farbbildband, dt./engl./frz., 72 Seiten
ISBN 978-3-8313-2493-4

Uli Auffermann
Dortmund – Stadtwanderführer
168 Seiten, zahlr. Farbfotos
ISBN 978-3-8313-2335-7

Uwe Fuhrmann/Thomas Emde
Romantisches Ruhrtal
Farbbildband, dt./engl./frz., 72 Seiten
ISBN 978-3-8313-2399-9

Dieter Ebels
Aufgewachsen in Duisburg in den 40er und 50er Jahren
64 Seiten, zahlr. Fotos
ISBN 978-3-8313-2395-1

Willi Garth
Brockhaus, Löns und Muckefuck – Geschichten und Anekdoten aus Dortmund
80 Seiten, zahlr. S/w-Fotos
ISBN 978-3-8313-2147-6

Alf Rolla/Friedhelm Wessel
Hasse schon geseh'n? Kinogeschichten aus dem Revier
80 Seiten, zahlr. S/w-Fotos
ISBN 978-3-8313-2134-6

Wartberg Verlag GmbH & Co. KG Bücher für Deutschlands Städte und Regionen
Im Wiesental 1 | 34281 Gudensberg Tel. 0 56 03-93 05 0 | Fax 0 56 03-93 05 28
www.wartberg-verlag.de **www.kindheitundjugend.de**